AF586443

TABLEAU D'UNE HISTOIRE DE LA RÉVOLUTION FRANÇAISE

Par JEAN-PIERRE PAPON (1).

Neque solùm illis aliena mens erat, qui conscii conjurationis fuerant, sed omninò cuncta plebs, novarum rerum studio, Catilinæ incepta probabat. Id adeò more suo videbatur facere: nam semper in civitate, quibus opes nullæ sunt, bonis invident, malos extollunt, vetera odere, nova exoptant; odio suarum rerum, mutari omnia student: turbâ ac seditionibus, sine curâ, aluntur; quoniàm egestas facilè habetur sine damno. SALUST, Bell. Catilin. c. 37.

Les conjurés n'étoient pas les seuls qui fussent aveuglés par un esprit de vertige: toute la populace, par amour pour la nouveauté, applaudissoit, suivant sa coutume, aux attentats de Catilina. Car c'est l'ordinaire que ceux qui n'ont rien portent envie aux gens de bien, qu'ils préconisent les méchans, qu'ils haïssent l'ancien ordre de choses, et en desirent un nouveau. Dégoûtés de leur situation, ils voudroient tout voir bouleversé; ils se repaissent, sans inquiétude, de troubles et de séditions, parce qu'ils ne courent aucun risque.

LA Révolution française présente un spectacle unique dans les annales du monde; celui d'une grande monarchie

(1) Je fais imprimer ce Tableau de l'histoire de la révolution, parce que, si par hasard mon Ouvrage ne s'imprimoit pas, je suis bien aise d'en laisser le plan, afin qu'un autre après moi le suive, s'il le trouve bon. D'ailleurs, on aura un plan de plus à comparer avec ceux qu'on a déjà donnés ou exécutés, et l'histoire y gagnera.

usée par le temps et par ses vices, et détruite par la force de l'opinion, qui, semblable à un feu souterrain, a dévoré les bases de l'édifice social, et fait tomber la nation dans un chaos, où elle s'est agitée, durant plusieurs années, parmi de vastes débris.

Ce phénomène est grand, et n'a point d'exemple dans l'antiquité. Il semble qu'il étoit réservé au peuple français de tenter, à travers les obstacles sans nombre qui se présentoient devant lui, une route inconnue, pour arriver à une nouvelle constitution.

C'est ce passage du Gouvernement monarchique au Gouvernement républicain, que j'ai entrepris de décrire sous le nom de *Révolution*. Il a été dangereux et pénible par les résistances, et sera à jamais célèbre par cette succession rapide de choses extraordinaires, qui faisoient souvent dire, que *la postérité ne pourroit les croire*.

Ce ne sont pas les crimes qu'on jugera invraisemblables. L'histoire des révolutions tant anciennes que modernes n'en fournit que trop d'exemples, et il s'en est commis fort peu, dont on ne trouve des traces dans les pays où l'on a exalté l'imagination de la multitude par des idées fortes et neuves sur la liberté et l'égalité. Mais ce qu'on aura peine à croire, c'est le mouvement des esprits et l'effervescence de ces passions, dont une seule, portée chez un peuple quelconque au degré où nous les avons vues parmi nous, suffiroit pour le faire remarquer dans la foule des peuples. Tout cela a imprimé à la révolution française un caractère qui approche du merveilleux, et qu'il est important de conserver à l'histoire, si l'on veut lui donner de l'intérêt. Pour atteindre à ce but, il faut s'écarter de la route ordinaire des historiens, et ne pas se borner à raconter des faits, la plupart rebutans par eux-mêmes et par leur monotonie dégoûtante : il faut plutôt peindre, avec ces faits, la progression des idées nouvelles qui ont formé l'*esprit révolutionnaire*, principe et cause du bien et du mal qu'il ne manque jamais de produire chez les peuples qu'il agite.

Dans ce Tableau, on aura plus d'une fois occasion de s'étonner de la facilité avec laquelle on peut modifier l'esprit humain, le faire passer d'un état à un autre, et changer les idées et les mœurs ; tant est grand, d'un côté le pouvoir de certaines imaginations, et de l'autre, la foiblesse du vulgaire !

Le mouvement des esprits fut tel, pendant un temps,

qu'après avoir renversé la monarchie et ses appuis, ébranlé les propriétés et détruit la liberté individuelle, il menaça d'envahir les pays étrangers, en poussant devant lui la liberté, ce premier bien de l'homme, quand elle est fondée sur les lois, et la plus dangereuse des chimères, quand elle est sans règle et sans frein. La plupart des causes qui excitèrent cette grande commotion existoient avant les Etats-généraux. Il est donc important de les indiquer dans une introduction, et de faire connoître au juste la situation morale et politique de la France à cette époque, de suivre cette chaîne d'idées, de passions et d'erreurs, qui, ayant usé les liens sociaux et les ressorts du Gouvernement, nous avoient conduits, pour ainsi dire, sur les frontières de l'anarchie, lorsque l'Assemblée nationale arriva. Des factions se formèrent et fécondèrent les germes de la subversion générale par leurs maximes et leurs résistances mutuelles; le parti républicain, d'abord foible, se fortifia, dans ces divisions, des idées qu'on débitoit dans la chaleur des débats, se glissa comme furtivement dans le tourbillon général, et lui donna un mouvement qu'il eut soin d'accroître, jusqu'à ce qu'il fût arrivé à son dernier terme.

Ainsi, pour rendre l'histoire intéressante, il faut marquer la progression des causes et surtout des idées qui ont renversé le trône, le clergé, la noblesse et les institutions qui leur servoient d'appui. Il faut qu'on voie dans ce Tableau les vicissitudes d'une cour corrompue, incertaine dans ses principes, divisée dans ses prétentions : d'un côté des attaques vives, et de l'autre une molle résistance, où tous les ménagemens d'une ambitieuse complicité; de grands abus et des remèdes violens. Les bonnes intentions du roi et son impuissance pour faire le bien, les divisions de la noblesse, les jalousies et la scission du clergé, les illusions des commerçans, les folles espérances des capitalistes et des rentiers, l'ivresse du peuple, les fureurs d'un certain parti, le machiavélisme de l'autre, les discours des principaux orateurs et leur caractère, la doctrine révolutionnaire, la dépravation des mœurs, l'altération des usages et du langage même, en un mot, tout ce qui entre dans les élémens et l'ensemble d'une grande révolution. Mon but enfin sera rempli, si je viens à bout de marquer, en caractères distinctifs, le dégré d'effervescence où l'on éleva les esprits, où tout sortit de l'ordre naturel, les idées et les actions, et où la partie de la nation, qui occupoit alors la scène, paroissoit moitié folle et moitié scélérate, tandis que l'autre intéressoit par son héroïque patience, et par ce fond de raison qui la rendit constamment étrangère à tous les crimes.

Cette histoire doit donc être tout à-la-fois le tableau des faits, celui de l'Assemblée nationale et de l'*esprit révolutionnaire* qui, semblable à l'esprit moteur de la nature, dont parle Virgile, a tout animé, *spiritus intus alit.* Pour le peindre avec les traits qui le caractérisent, il a fallu l'étudier dans les feuilles du jour, dans les groupes, dans les sociétés, dans les lieux où il y avoit des rassemblemens, et dans ce mouvement général des esprits, qui, partant d'un club célèbre, réagissoit ensuite sur le club lui-même, et y acquéroit une force dont il étoit difficile de régler la direction.

Malheureusement c'est un fait attesté par l'histoire, que chez les peuples riches et corrompus, les révolutions se font toujours par des motifs secrets d'intérêt et de jalousie, parce qu'il y a chez eux de grandes places à usurper et de grandes fortunes à envahir; au lieu que dans les pays pauvres, où rien n'irrite l'ambition et la cupidité, l'amour seul du bien public fait tenter des changemens dans le Gouvernement, et ces changemens ne dérangent point la marche ordinaire de la société. A Sparte et à Rome pauvres, le trône tombe, et sa chute ne renverse aucune fortune, n'écrase aucun citoyen. Dans l'opulente Angleterre, au contraire, et en France, la révolution couvre le pays de ruines, de larmes et de sang, parce qu'on n'a pas su ou voulu modérer dans le peuple cet *esprit révolutionnaire* qui dessèche, dans leur germe, les fruits de la liberté, quand on ne réprime pas sa violence.

En s'attachant à le suivre dans ses causes et ses progrès, on peut venir à bout de vaincre une difficulté qui fera le désespoir des historiens de la révolution. Je veux parler du peu de liaison apparente qu'il y a dans les opérations des Assemblées nationales et dans les faits sans nombre dont nous avons été témoins.

L'Assemblée constituante ayant souvent pris, quitté, repris, à de grands intervalles de temps, des délibérations sur le même sujet, et y ayant intercalé des discussions étrangères, il paroît impossible de donner à l'histoire cette unité d'action, sans laquelle il n'y a point d'intérêt. Cependant, cette difficulté n'est pas insurmontable : il suffira, pour la vaincre, de choisir parmi les différentes époques, où la même question a été traitée, celle où elle sera le mieux placée, relativement à la marche des affaires et aux mouvemens de la révolution. J'en dis autant des soulèvemens qui ont eu lieu, tantôt sur un point de la France et tantôt sur un autre; des incendies, des pillages et des assassinats commis avec des circonstances qui font horreur. On suivra la même méthode pour parler du clergé, de la magistrature, des armées, de la marine et des colonies; de l'affoiblissement progressif de l'industrie et de la richesse nationale; enfin des fureurs et de l'aveuglement de la populace, qui, égarée par des idées fausses, par des mensonges grossiers, par le récit de conspirations controuvées, et par une famine habilement combinée, aggravoit elle-même les maux dont elle se plaignoit, et armoit de ses passions les factieux, qui se servoient d'elle pour l'environner de ruines.

Toutes ces choses sont disparates, et semblent devoir mettre dans l'Histoire une dissonance rebutante. Mais quand on les rapproche du principe d'où elles découlent, on leur trouve, pour ainsi dire, un air de famille qui annonce une même origine, et les rend susceptibles d'être rangées dans l'ordre chronologique. Par-là on vient à bout de faire un ensemble de cette immensité de choses, qui n'ont entr'elles aucune liaison apparente, et qui ne présentent que l'horreur du chaos, la confusion des élémens, le choc de tous les corps se heurtant dans leur chute, ou s'embarrassant dans leur marche.

Ce n'est pas assez de mettre de l'unité dans l'ouvrage, il faut encore y répandre de la variéte: or, qu'y a-t-il de plus varié que le tableau de la révolution, lorsque les différens personnages, que les circonstances amméneront sur la scène, y paroîtront avec cette diversité de caractères, de talens, de passions, et de vues, qui donnoient aux séances un si grand intérêt? Les discussions ont été quelquefois si vives, par la véhémence des discours, par la tournure d'esprit des orateurs, par l'agitation de l'Assemblée et des tribunes, qu'en les lisant, on pense a plus d'un endroit du *Paradis perdu*. Enfin, dans la lutte qui s'établit entre les anciens principes et les opinions nouvelles, les différens partis se montreront avec le caractère et la physionomie qui leur sont propres, et la narration aura quelquefois l'intérêt du drame et le merveilleux du roman, lorsqu'on parlera de cette faction puissante, qui dominoit l'assemblée, et alloit à son but à pas de géant, la *Déclaration des droits de l'homme à la main*, détruisant les ordres, abattant la féodalité, supprimant la noblesse et les titres, dépouillant le clergé, altérant la religion, abolissant la magistrature et les corps de provinces, changeant les dénominations pour changer les idées; flattant le peuple par la diminution des impôts, exaltant son effervescence par des promesses, l'enivrant des poisons de la licence et de l'égalité, adulant le roi et détruisant la royauté.

On verra aussi dans cette histoire des caractères nouveaux. D'autres, qui étoient effacés, deviendront saillans par le mouvement de la révolution. Qu'on place tout cela avec art parmi les grands événemens qu'on a à décrire; qu'on rappelle les saillies ingénieuses, les traits de courage, de patience et de dévouement dont nous avons été témoins; qu'on en sème le recit dégoûtant des crimes et des insurrections, il en résultera un tableau qui réunira l'unité d'action à la variété; on y verra telle situation qui, par le caractère des personnages et l'importance du moment, sera digne d'exercer les pinceaux d'un grand maître.

D'un autre côté l'agitation du peuple, le trouble des bons citoyens, l'air inquiet de la cour, l'exaltation des patriotes, les propos séditieux des brigands, formeront un tableau, qu'on sera bien aise de voir retracer, parce qu'on peut le regarder comme la partie morale de cette histoire.

L'Assemblée nationale se ressentit plus ou moins de ce mouvement; on s'en appercevoit à ses délibérations; on remarquoit ce jour-là, dans les orateurs, un caractère plus prononcé; les discussions étoient plus vives, les tribunes plus audacieuses, les différens partis plus animés. En suivant les nouvelles des départemens, on voyoit que l'esprit dominant de Paris y circuloit avec plus ou moins de force, selon qu'ils étoient plus ou moins influencés par les sociétés populaires. Quelle surprise encore n'éprouve-t-on pas en portant son attention sur les séances de l'Assemblée constituante! Là tout fut discuté, les droits des peuples et des rois, les principes d'un bon gouvernement, les limites des pouvoirs, celles de la religion et de la puissance ecclésiastique, les vices de la féodalité, l'influence des corps sur le Gouvernement, les dangers ou l'utilité du papier-monnoie. On raisonna sur les sources de l'industrie et de la prospérité nationales, sur la nature des propriétés, sur les distinctions qu'on pouvoit mettre entr'elles, sur l'esclavage des nègres, sur la meilleure organisation de l'armée et de la marine, sur le droit d'aînesse, sur la nature et les conditions des alliances entre les souverains, et sur tant d'autres questions importantes dont il faut saisir l'esprit et le résultat, et sur lesquelles l'histoire aussi doit porter son jugement par des réflexions courtes, précises et lumineuses.

La constitution, née au milieu des factions qui divisoient l'assemblée, se ressentit de la différence des opinions: monarchique dans les formes, républicaine dans les principes, elle établissoit un roi, et lui ôtoit les moyens de l'être.

Elle entretint donc un foyer d'anarchie, dans lequel la faction dominante, sous la première législature, se fortifia, s'accrut, augmenta les destructions, et conduisant la France de révolution en révolution, vomit la misère et la discorde dans les départemens, favorisa les brigands et les déserteurs, protégea l'insubordination des troupes, les entreprises des clubs et la révolte des nègres, condamna à la déportation les prêtres insermentés, supprima les ordres religieux et le costume ecclésiastique, alluma la haine des puissances coalisées, déclara la guerre à l'Autriche, dépouilla les émigrés des droits de citoyen français, anéantit la constitution, et affoiblit par degrés, dans l'opinion publique, la majesté du trône, avec tant de perfidie, que le roi, dépouillé de l'éclat de son rang, relégué dans la classe des simples fonctionnaires publics, enveloppé dans les nuages que la calomnie élevoit autour de lui, finit par n'inspirer aucun intérêt à la multitude, et se vit enfermé, comme un criminel, par de vils conspirateurs, qui rendirent la nation française un objet de pitié pour les sages, qui, distinguant la scélératesse des factieux d'avec la foiblesse du peuple, voyoient dans les malheurs de la France une grande leçon pour les rois, et un grand exemple pour les sujets.

Dans cette désorganisation générale, on ne se reconnoissoit plus, en vivant au milieu de la même nation. Les autels renversés, les écoles détruites, des lois et des institutions inconnues, des fêtes et des cérémonies nouvelles, des scélérats ou des factieux honorés de l'apothéose; leurs bustes exposés à la vénération ; les hommes et les villes changeant de noms ; une portion du peuple infectée d'athéisme, ou bigarrée d'idées moitié payennes et moitié chrétiennes, et défigurée sous les livrées du crime et de la folie, donnoient à la pensée un exercice continuel et pénible. Des conspirateurs, réunis dans la Convention, dominoient la nation entière, et la tête du roi tomba. Ils transportèrent tellement les limites du crime et de la vertu, ils corrompirent à un tel point la morale et la raison du peuple, que dans moins de cinq ans, quoique la France fût peuplée des mêmes individus, on l'auroit crue habitée par une nation nouvelle, toute différente de l'ancienne par son gouvernement, sa croyance, ses principes, ses mœurs, sa monnoie et ses usages même : car, après avoir proscrit les noms et les titres, elle détruisit les monumens et les établissemens célèbres, qui, en rappelant son ancienne grandeur et son ancienne gloire, en étoient encore le soutien.

On peut dire, à la rigueur, que la révolution finit à la mort du roi : sa famille est ou dispersée ou prisonnière : les institutions que la royauté avoit fait naître, et celles dont elle s'appuyoit, sont anéanties avec le trône. Là, en un mot, finit l'intérêt de l'histoire : jusqu'à la mort de Louis, elle est l'école des peuples et de ceux qui les gouvernent ; après cette époque, jusqu'à l'établissement de la constitution de l'an 3, elle ne fournit presque que des modèles et des leçons aux anarchistes.

Il seroit presqu'aussi impossible qu'inutile de rapporter tout ce qui s'est passé sous la tyrannie de Robespierre : et d'ailleurs, en réfléchissant sur les horreurs dont cette partie de l'histoire est remplie, on se demande à soi-même de quoi il serviroit d'en faire un tableau complet. Ne suffit-il pas, sans entrer dans tous les détails, de se borner à ceux qui montrent par quelles manœuvres des factieux désorganisent la société, et démontent les ressorts du Gouvernement, après avoir brisé, par la dissolution de la morale, les liens qui les tenoient assujétis ? De cette manière, on devient utile aux chefs des nations, on intéresse les politiques, les législateurs et les moralistes ; on attache tous les lecteurs faits pour penser et pour sentir, sans leur présenter une trop grande foule d'objets qui les révolteroient. Quand le corps politique est mort, qu'est-il besoin de le suivre dans les derniers degrés de la putréfaction, et de donner le spectacle dégoûtant des vers qui le rongent? Il n'y a point d'imagination qui ne s'en lassât bientôt et qui ne repoussât la main maladroite, qui dessineroit tous ces objets hideux. Il vaut beaucoup mieux disposer les parties du tableau de manière, que le lecteur devine par les choses qu'il voit, celles qu'on lui cache derrière un voile transparent. Il faut surtout, puisqu'on lui fait traverser l'anarchie, qu'il voie de loin en perspective, la constitution qui doit en réparer les maux.

Jamais tyrannie ne fut plus épouvantable que celle qui désola la France après la mort de Louis jusqu'à celle de Robespierre : des tyrans, sous le nom de comité de salut public, font peser sur la nation le gouvernement révolutionnaire ; les municipalités, les districts, les départemens, tout se pénètre de son esprit : les municipalités dépendantes de la Convention pour l'exécution des décrets, indépendantes pour leur police intérieure, concentrent de plus en plus leurs intérêts, diminuent leurs rapports extérieurs, et gênent les communications, la circulation et les affaires. Des *comités révolutionnaires* sortent de ce chaos: de redoutables Bachas sont poussés du néant au despotisme, par le choc de la révolution, et sous le nom de *représentans du peuple,* ils foulent presque tous les départemens et les inondent de sang. Ils voient, ainsi que les *comités révolutionnaires*, des manœuvres criminelles dans ce qui n'est que l'effet des mauvaises lois, de l'anarchie et de l'impéritie des administrateurs.

Rien dans la société, et le Gouvernement n'obéit à un mouvement régulier. La guerre elle-même prend une forme nouvelle. Tout y est extraordinaire : le nombre des combattans, les recrutemens, les dépenses, les approvisionnemens, et les moyens d'y pourvoir ; la fabrication des poudres, des canons et des fusils ; l'ardeur, l'impétuosité et les marches forcées des troupes ; leurs brigandages, leurs désordres, leurs succès et leurs défaites ; le choix, le changement des généraux, la mort de plusieurs d'entr'eux, les talens extraordinaires de quelques autres, les exploits inouis des troupes sous de pareils chefs ; enfin les ressorts même avec lesquels on fait mouvoir ces masses énormes de combattans sous de pareils chefs, sont étonnans et nouveaux.

Peu de gens étoient capables de suivre la marche rapide de la révolution. Ceux qui restoient en arrière étoient coupables de désertion. On accusoit de royalisme ceux-là même qui avoient fait la première constitution : on punissoit les anciens partisans de la République, comme *modérés* ; les propriétaires, comme *aristocrates ;* les riches capitalistes, comme *corrupteurs;* les banquiers et les financiers, comme *sangsues publiques ;* les marchands, comme *acapareurs ;* les fermiers, comme *affameurs*, et les nouvellistes, comme *alarmistes :* les factieux eux-mêmes se voyoient tour-à-tour enveloppés dans la proscription, lorsqu'ils n'avoient pas l'effervescence de la faction dominante : enfin l'éclat dont les sciences, les lettres et la vertu ceignent le front de l'homme à talens et de l'homme de bien, importunoit l'orgueil farouche des tyrans ; on étoit jugé suspect ou digne de mort pour n'avoir pas déshonoré sa vie ; et l'on croyoit voir ressusciter la tyrannie des premiers empereurs romains, avec leur loi de *majestate*, leurs soupçons, leurs fureurs, et leur glaive.

Dans cet état de choses, on ne savoit quel parti prendre : ce qui, la veille, paroissoit sage et honnête, étoit le lendemain réputé crime ou imprudence : la défiance entra dans tous les cœurs, et les isola : l'amitié n'avoit plus d'attraits, la parenté plus de liens, les soins même de la domesticité n'étoient reçus qu'en tremblant, et les cœurs endurcis par l'habitude du malheur, ou abattus par la crainte, ne s'ouvroient plus à la pitié.

Toutes les passions ravagent la société. D'anciennes liaisons honnêtes et honorables sont transformées en conspirations. On torture des propos tenus sans dessein, des expressions insignifiantes ou consacrées par l'usage, des lettres écrites sans malveillance, pour leur faire signifier ce qu'on n'a jamais pensé. On n'ose pas écrire, on parle peu, on fuit ses amis, et l'on va jusqu'à avoir peur, parce qu'on a déjà manifesté des craintes. *Id ipsum parentes, quod timuissent.*

Tous les partis étant incertains, ou pouvant devenir dangereux, tout étant crime, excepté le crime même, on s'abandonne aux événemens et les événemens conduisent souvent l'homme vertueux à la prison ou à l'échafaud. La terreur comprime donc les ames, et le gouvernement révolutionnaire la promenant sur toutes les têtes, en abbat un nombre prodigieux, multiplie à l'excès les prisons, les remplit de victimes, proscrit les prêtres et le culte, continue de démoraliser la nation en la souillant de crimes ; met en réquisition les personnes, les effets, les bestiaux, les marchandises et les denrées : enlève aux sciences et aux lettres des talens naissans ; à l'agriculture, aux arts et métiers une multitude de bras, au commerce son aliment, et aux individus presque les moyens de vivre et de se vêtir. Il combat les villes et les départemens insurgés avec le fer des Vandales, et détruit la fortune publique et les fortunes particulières au grand contentement des indigens, qui croient en rassembler quelques débris pour réaliser leurs chimériques espérances.

Le crime a son terme ainsi que l'oppression. Les tyrans tombent, de nombreuses victimes sortent des cachots, et la France semble renaître : mais toujours égarée par l'*esprit révolutionnaire*, consumée par les poisons cachés de l'anarchie, épuisée par ses innombrables sacrifices, usée même par ses mouvemens convulsifs, elle ne fait que des efforts impuissans vers la justice et la liberté, et tombe dans un état de langueur voisin de la dissolution : tandis que la Convention s'embarrasse par ses propres lois ; se plaint des maux qu'elle fait, et s'agite dans ses idées anarchiques, loin de la saine politique et de la vraie morale.

Telle étoit la situation critique de la Nation, quand de nouvelles factions déchirèrent la Convention. Plusieurs députés armèrent contr'elle une partie des citoyens de Paris ; les uns furent arrêtés, les autres prirent la fuite ; quelques-uns terminèrent volontairement leur vie, et laissèrent la France en proie à des rivaux, qui ne cessèrent de la déchirer et de la souiller de crimes, jusqu'à ce que des législateurs entreprirent de donner des règles à une démocratie orageuse qui ne pouvoit recevoir de frein.

Mais ces hommes pénétrés de cet *esprit révolutionnaire* qui méconnoissoit la saine morale et les vrais principes de la politique : de cet esprit qui rapportoit tout aux intérêts d'une faction, attaquèrent les droits du peuple par les décrets des 5 et 13 fructidor. On se souleva en plusieurs endroits. Le sang coula et les conventionnels triomphèrent : ils formèrent les deux tiers du nouveau Corps-Législatif ; mais tous n'étoient pas de la faction : un Directoire mal organisé dans ses pouvoirs, mal composé dans la majorité de ses membres, fut établi. Il marcha d'accord, en apparence, avec le Corps-Législatif et réprima les anarchistes, que les circonstances malheureuses dont on vouloit sortir, avoient fait élever à des places importantes. Cependant la liberté individuelle et les propriétés n'en furent pas plus respectées. Le mécontentement et l'aigreur éclatèrent parmi les citoyens ; il se commit des assassinats ; on renouvella les brigandages : les feux de la guerre se rallumèrent dans la Vendée ; les ministres du Culte catholique furent de nouveau proscrits, ceux qu'on prit furent déportés ou fusillés, et les émigrés, eurent le même sort. Les impots devinrent plus onéreux ; le commerce s'anéantit : l'industrie fut sans aliment, le papier monnoie sans valeur, et le numéraire sans circulation ; mais la nation avilie dans l'intérieur par la tyrannie fut honorée au dehors par le mérite rare de quelques-uns de ses généraux, par l'éclat de ses victoires et par la bravoure extraordinaire de ses troupes.

Dans cet état de choses, il se forma dans les esprits cette résistance morale, qui ne détruit pas les gouvernemens par la violence, mais qui les mine. La faction en accusa les royalistes, et mit au nombre de ceux-ci tous ceux qui n'étoient pas pour elle. Dans cette lutte, on vit éclater des regrets pour la monarchie : le choix des nouveaux députés s'en ressentit. Tous n'étoient pas royalistes ; mais tous, ou presque tous, vouloient faire cesser la révolution et révoquer les lois révolutionnaires : on sentit de plus en plus dans le public le besoin et l'amour de la liberté ; et ce sentiment produisit une garantie pour les personnes et les propriétés, bien plus sûre que celle du Gouvernement. Aussi la confiance commença de renaître, le commerce reparut, l'industrie reprit des forces et les étrangers affluèrent parmi nous. Avec eux rentrèrent des prêtres proscrits, et des émigrés. Mais la faction ennemie, qui dominoit au Directoire et au Corps-législatif, amena, par de sourdes intrigues, la fameuse journée du 18 fructidor, et donna aux factieux ce pouvoir tyrannique, dont ils firent un si grand abus.

Alors l'arbitraire seul régna sur la France, et l'esprit de faction dans les assemblées primaires et dans les assemblées électorales. Le Directoire, par son influence, nommoit les députés, et les députés asservis par lui ne connoissoient que ses volontés : l'administration n'eut plus de régle, les dilapidations plus de frein, les impôts plus de mesure, ni les ex-nobles et les parens des émigrés plus de repos. Les troubles dans l'intérieur alloient en croissant ; à Saint-Domingue, ils étoient à leur comble : nos conquêtes étoient envahies, les ennemis paroissoient déjà sur les frontières, et la division, qui s'étoit mise entre le Directoire et le Corps-législatif, menaçoit la France d'une dissolution totale, quand un homme, extraordinaire par son caractère, son courage, sa hardiesse et ses talens, s'empara de la révolution, hors de laquelle il avoit toujours été, et l'arrêta (1).

Il en étoit temps ; car il s'étoit fait un tel changement dans les mœurs, que pour la manière de voir, de juger et de sentir, en fait de religion, de morale universelle, de politique et de goût, la partie la plus influente de la nation n'étoit plus en rapport avec les Français du siècle de Louis XIV et de Louis XV, ni avec le reste de l'Europe.

Voilà le plan que j'ai suivi dans cette Histoire, où le point essentiel est de saisir l'ensemble, l'esprit et la marche d'une révolution qui a humilié tous les orgueils, dérangé toutes les combinaisons, confondu toutes les espérances, et trompé ceux-là même qui l'avoient enfantée ou conduite. Ce plan d'Histoire n'est pas d'une facile exécution : il demande une grande contention d'esprit pour suivre les opérations du Corps-législatif, les projets et les manœuvres des malveillans, les causes et les progrès des insurrections et des maux dont la France a eu à gémir ? Quel travail encore ne faut-il pas pour mettre les choses à leur place, sans les altérer ni les confondre ? pour donner à chaque personnage l'air et le caractère qui lui conviennent ? pour saisir et suivre l'esprit et la doctrine de certains journaux ? pour analyser des adresses, des discours, des rapports et des discussions dont le choix même est une étude ? De plus, il faut parfaitement connoître le droit des gens, cette morale universelle, qui lie les nations et les individus, et cette politique saine, qui en est inséparable.

---

(1) Si quelqu'un m'accusoit de charger le tableau de ce qui s'est passé sous le Directoire, il n'a qu'à lire les discours qui se tinrent aux deux Conseils le 19 brumaire an VIII, les adresses qui furent faites en cette occasion aux Parisiens et aux Français en général, et les brochures qui couroient les rues, et dont la plupart étoient faites par des hommes qui, ayant joué un rôle dans la révolution, professoient un grand attachement pour la République.

On ne doit pas se dissimuler qu'en écrivant dans un temps où tous les amours-propres sont aigris, où tous les ressentimens sont réveillés, on risque de mécontenter tous les partis, par la raison qu'on leur trouve à tous plus ou moins de torts.

Cependant le vrai moyen de savoir tout ce qui intéresse est de publier l'Histoire, du vivant de ceux qui l'ont vue. Les uns critiquent les faits inexacts, les autres communiquent ceux qui ont échappé à l'auteur : ainsi l'ouvrage y gagne du côté de la vérité, et s'enrichit de nouvelles découvertes. Quel caractère imposant ne prend pas un auteur qui a le courage de remettre sous les yeux de ses contemporains les faits dont ils ont été les témoins, et de juger en leur présence, les hommes qu'ils ont connus aussi bien que lui ; d'appeler ceux-ci au tribunal de l'histoire, lorsqu'ils sont en état de repousser le mensonge, ou de confondre la calomnie, si la calomnie les attaque ? Ne prend-il pas, pour peu qu'il soit jaloux de sa réputation, l'engagement d'être plus exact, plus sévère, plus équitable que les historiens, qui travaillent dans le silence du cabinet, pour une génération à naître, à laquelle ils transmettent des faits dont aucun témoin grave ne pourra attester ni contester la certitude, et auxquels, d'ailleurs, on n'auroit souvent accordé aucune confiance, si on les avoit connus ? Ajoutons que dans une révolution comme la nôtre, l'opinion a joué un si grand rôle, qu'elle a été l'ame des plus grands événemens, et leur a imprimé un caractère qui leur est propre : or, pour la rendre véritablement dans toute son énergie, il a fallu la prendre pour ainsi dire sur le fait ; car deux jours après qu'elle avoit produit une crise, on n'y étoit plus à temps. C'est donc une idée bien fausse de croire qu'il ne faut écrire l'Histoire de la révolution que longtemps après cette époque célèbre. On ne rassembleroit que les ossemens d'un corps qui fut plein de vigueur, de force et d'effervescence ; et l'on ôteroit à l'Histoire ce qu'elle a de plus instructif pour le législateur, le moraliste et le politique. On demandera peut-être si la crainte de se faire des ennemis ne nuira point à la vérité ? Non, si l'historien est digne du sacerdoce dont il est revêtu ? s'il est capable de s'enflammer pour le bien ? s'il est doué de cette vertu rigide, qui, se tenant également éloignée de l'adulation et de la calomnie, poursuit le crime, en plaignant même le criminel.

Et pourquoi auroit-il pour le nom des méchans plus de ménagemens qu'ils n'en ont eu eux-mêmes pour la vie, la fortune et la liberté de leurs concitoyens ? Ils auront bouleversé la patrie, ils l'auront couverte de prisons, d'échafauds et de ruines ; ils auront détruit un nombre prodigieux d'habitans, ils en auront réduit d'autres à la plus affreuse misère ; ils les auront abreuvés d'humiliations plus insupportables que la mort même, et l'historien n'aura pas le courage de le dire ! il craindra de peindre de couleurs fortes ces hommes qui ont fait couler des torrens de larmes et de sang ! il ne dénoncera pas aux nations ces caractères ardens qui ont dicté ou provoqué des lois tyranniques ; ces hommes féroces qui les ont encore outrées en les exécutant : ces écrivains incendiaires, qui ont allumé le feu de la discorde, ou aiguisé les poignards de l'anarchie ? qu'il ose, et sa hardiesse sera un défi à la critique, et commandera même à l'opinion. « Le principal devoir de l'historien, dit » Tacite, est de ne pas laisser dans l'oubli les actions ver- » tueuses, et de faire craindre aux méchans l'infamie et » la postérité pour ce qu'ils ont dit et fait : *Præcipuum mu-* » *nus annalium reor, ne virtutes sileantur, utque pravis* » *dictis factisque ex posteritate et infamiâ metus sit.*

D'un autre côté, l'historien perdroit la considération due à son ministère, si, confondant les emportemens d'un cœur corrompu, avec les écarts d'une imagination vive, les systêmes froidement combinés avec les erreurs passagères du moment, il citoit avec la même rigueur à son tribunal le scélérat et l'homme abusé : l'un mérite toute sa sévérité, et l'autre est plus digne d'indulgence : on peut même condamner les erreurs, sans nommer les personnes : et d'ailleurs convient-il de conserver tous les noms qui ont retenti un instant dans le public ? Ne suffit-il pas de transmettre à la postérité ceux que de grands talens, de grandes vertus ou de grands crimes, un grand caractère, des actions d'éclat, la découverte d'une vérité en politique, en morale, en administration, ont tirés de la foule ? Les autres ne valent pas la peine d'être cités : leur destination est de retomber un peu plutôt ou un peu plus tard dans le néant, d'où le mouvement de la révolution les avoit fait jaillir par un choc inattendu.

Il y aura surtout une classe de lecteurs qui, me trouvant prononcé contre les excès de la révolution, m'accusera de partialité : mais ceux qui porteront ce jugement seront-ils bien sûrs d'être eux-mêmes exempts de tout esprit de parti ? J'aurai pour moi les faits ; et eux, que m'opposeront-ils ? Le bonheur que l'état actuel de la République nous promet ; mais ce bonheur sort des destructions et des tombeaux dont la France est couverte, et cette source suffit pour en rendre longtemps les fruits amers. Pour moi, qui ne sais point adoucir les couleurs du présent par le contraste d'un avenir qui ne nous trompera pas, mais qui se déroulera lentement, je raconterai avec franchise tout ce qui s'est dit et fait, et sans désespérer du bonheur, je ne dois pas, en le montrant en perspective, le porter en déduction des crimes et de l'horreur qu'ils doivent inspirer. D'ailleurs je demande si l'on croit qu'il y ait sur la terre un peuple qui voulût avoir une révolution comme la nôtre ? Si le plus ardent patriote, qui s'est enrichi des dépouilles des malheureux, voudroit la voir recommencer ? Ma justification est dans leur réponse.

Je demande en second lieu, si l'histoire n'est pas le tableau fidèle des faits, celui des idées et des passions qui les ont produits ? Si là on ne doit pas transmettre aux siècles futurs les impressions et les sentimens qu'on a éprouvés dans ce tourbillon ? Que ceux qui n'ont point vu la révolution ou qui l'ont vue de loin, n'accusent pas légèrement de partialité l'homme qui n'étant d'aucun parti, qui n'ayant eu que peu à perdre, et n'espérant rien gagner à ces jeux cruels des passions, en suivoit de sang froid toutes les chances.

On ne doit donc pas être surpris qu'en approuvant les réformes heureuses, qui se sont faites, je m'élève contre les abus qu'on a introduits ou contre les désordres qu'on a favorisés. Si c'est là de la partialité, je ne m'en défends pas : mais doit-on appeler de ce nom l'aversion qu'un écrivain témoigne pour une chose qu'il croit essentiellement mauvaise ? Tacite est donc partial, lorsqu'il fait haïr les tyrans ? lorsqu'il peint, avec des traits déchirans, leur caractère et leurs crimes ? lorsqu'il parle d'un ton pathétique et touchant de l'innocence opprimée ? Il est donc partial lorsqu'il fait aimer la liberté et la vertu, et qu'il couvre d'opprobre le vice et la servitude ? Au reste, on ne doit pas confondre, comme font quelques lecteurs, la partialité avec l'infidélité. S'il est impossible, s'il est même immoral de ne pas prendre parti entre le vice et la vertu, il est du moins nécessaire de rapporter les faits, tels qu'ils se sont passés; de n'en omettre aucun de ceux qui pourroient justifier les personnes coupables, et de rapporter toutes les circonstances propres à les bien faire connoître.

Il ne faut pas être moins attentif à ne faire dire aux orateurs, même en abrégeant leurs discours, que ce qu'ils ont dit en effet; à rendre justice à leurs bonnes qualités et à leurs talens, lors même qu'on s'élève contre l'abus qu'ils en ont fait. La flatterie et la calomnie sont deux vices également indignes de l'histoire : *Adulationi fœdum crimen servitutis*, dit Tacite, *malignitati falsa species libertatis inest.*

La chose que l'historien de la révolution doit craindre le plus, c'est de perdre, à force d'avoir vu préconiser des actions et des maximes condamnables, la juste aversion qu'il avoit pour elles, lorsque des idées saines, et regardées comme telles chez tous les peuples civilisés, formoient l'esprit public; et d'accréditer, par un effet de ces impressions, quelque maxime contraire aux bonnes mœurs et à l'ordre social. Mais s'il en montre le danger; s'il porte dans l'ame du lecteur l'horreur du crime et l'amour de la vertu; si son ouvrage contribue jamais à convaincre ceux qui gouvernent, qu'il est également dangereux pour l'autorité de la pousser au despotisme par trop de rigueur, ou de la laisser énerver par trop de foiblesse; s'il leur fait sentir enfin combien il est important, pour la chose publique et pour eux-mêmes, qu'on voie dans toute leur conduite l'empreinte d'une morale pure, parce que la morale, qui affermit les empires, descend du Gouvernement au peuple par l'autorité des exemples; alors, dis-je, l'historien pourra se reposer dans la juste confiance d'avoir marqué sa carrière par un ouvrage vraiment utile.

On me reprochera peut-être aussi de condamner les principes et les moyens avec lesquels on a détruit la monarchie pour élever la république sur ses ruines; mais s'ils sont tels, qu'avec eux on puisse détruire aussi la république, y a-t-il un citoyen qui doive les approuver? On peut aimer le résultat auquel ils nous ont conduits; mais il ne faut pas les consacrer comme utiles, s'ils sont destructeurs de tout Gouvernement et désorganisateurs de la société.

D'ailleurs la monarchie française étoit aussi un Gouvernement légitime : elle reposoit sur une possession de quatorze siècles, sur le consentement, du moins apparent, de la nation, toutes les fois qu'elle s'est assemblée, et sur cette prospérité nationale qui sembloit appeler l'approbation des siècles futurs. Quoi qu'il en soit, la république est née, la nation l'a adoptée, il faut s'y soumettre et la servir; voilà le devoir de tout Français et la morale de l'historien; mais n'exigez pas de lui qu'il mette en réserve, pour des mécontens, les armes qu'on a brisées et justement proscrites, et qu'on pourroit un jour tourner contre le nouveau Gouvernement, si l'histoire en vantoit l'usage et l'utilité.

Au reste, il suffit, dans un ouvrage tel que celui-ci, de disposer les faits de manière que le Gouvernement établi ne reçoive aucun reflet des crimes de la révolution. Cette précaution étant prise, les principes de la morale et de la politique étant exacts, on doit avoir le droit de dire la vérité, et de la dire toute entière. C'est ainsi qu'un voyageur qui arrive aux Indes et qui commence à jouir des douceurs du repos et du climat, raconte sans déguisement, comme sans humeur, les dangers qu'il a courus dans la traversée, les maux sans nombre qu'il a soufferts et les pertes qu'il a faites. Il marque, avec la même franchise, les erreurs de la carte, avertit que les tempêtes sont journalières sur la route qu'il a tenue, et indique les signes auxquels on peut reconnoître l'empirisme de ces hommes ambitieux et perfides, qui s'offrent pour diriger l'inexpérience des voyageurs. Là finit sa tâche: content de faire tourner ses observations au profit de ses semblables et d'être arrivé au terme de ses desirs, il ne songe plus qu'à jouir en paix des avantages que le pays lui procure.

FIN.

Paris, 15 brumaire an X, (5 novembre 1801).

www.ingramcontent.com/pod-product-compliance
Lightning Source LLC
LaVergne TN
LVHW052038160826
845678LV00003B/1417

* 9 7 8 2 3 2 9 6 3 4 8 1 4 *